TI METTO NEL LOOP

IL LOOP

Opportunità

Da: account@agenziastanca.it — Ore 22:45

A: you@agenziastanca.it

Oggetto: Opportunità

Ciao,

è arrivato un progetto molto interessante.

La timeline è un po' challenging, me ne rendo conto. Poi ti briffo, intanto ti metto nel loop.

Sentiamoci asap domani mattina.

Ti ho già mandato un calendar.

Grazie e scusa l'ora,

A.

Rispondi | Inoltra

Come ogni mattina, quando suona la sveglia, vorresti essere già in piedi. Neanche il tempo di realizzare che giorno della settimana è, e il tuo cervello inizia a girare come un forsennato cercando di mettere ordine negli impegni della giornata che in un flash ti si srotola davanti: le mail a cui devi rispondere la mattina stessa; quelle meno urgenti di cui ti dimenticherai sicuro, quelle che puoi ignorare, quelle a cui deve rispondere qualcun altro da cui stai aspettando un feedback che non arriva e finché non arriva il tuo lavoro è bloccato; poi il progress, l'interna per la gara, il confronto per quel budget troppo risicato, come al solito; il meeting con i creativi e l'appuntamento in centro, in quel palazzo storico in Montenapo con quell'agente che gestisce tutte le fitness influencer e che ti ha scritto già tre volte. Ti hanno anche chiesto di trovare la figura di "un'influencer che dipinge sulle porcellane che sia forte sia su TikTok sia su Instagram" e un madrelingua tedesco che possa tradurre un testo arrivato dall'Internazionale.
E pensi a tutto questo mentre sei ancora a letto. Poi scivoli fuori, fai un cenno con la testa

a quell'immagine arruffata che ti guarda dallo specchio del bagno, accendi la moka e ti siedi a guardare il cellulare per fare un po' di rassegna stampa. Scorri rapidamente la home di qualche quotidiano, i tuoi occhi scivolano sulle notizie di politica, di cronaca, di sport. Ma hai troppo sonno per realizzare e mettere a fuoco. Quindi dopo due minuti apri Instagram e resti ipnotizzata dalle stories. "Ah quindi ieri sera sono usciti a bere 'sti stronzi. Ammazza hanno fatto tardi eh... Li voglio vedere oggi all'interna".
Il gorgoglio del caffè ha l'effetto della sveglia. Non si sa bene come ma, a forza di scorrere stories, ovviamente, sei in ritardo. Per fortuna hai preparato i vestiti da metterti subito prima di andare a letto. La camicia oggi ci sta. Salti dentro la doccia, skin care al volo, ti trucchi per nascondere quel fondo nero sotto gli occhi, anche se dopo anni davanti al computer lo sai bene: è una guerra di posizione che non puoi vincere.
Afferri la borsa che una volta era una bella borsa di marca e adesso sembra invecchiata malissimo. Dentro si sono accumulati i resti generazionali del tuo lavoro. Fogli piegati e stropicciati di un

calendario editoriale del 2016, dei materiali del Global stampati perché pensavi che su carta ci avresti capito meglio, campioni di cosmetici, il cell aziendale del 2015 con due tacche di batteria che sicuramente si scaricherà, un Okitask, cicche e caramelle, un'agenda e qualche penna.
Ci butti dentro anche il telefono personale, il groviglio di carica batterie e cuffiette, afferri un rossetto che non si sa mai; potresti portarti il pranzo, ma ieri sera sei tornata troppo tardi, non avevi voglia di cucinare né di mangiare il solito avocado, e hai chiamato un delivery di cui è rimasta solo la busta appallottolata sul tavolino davanti al divano.
Sospiri, sai che anche oggi finirai per mangiare una cosa al volo ordinata al bar all'angolo, una piadina o un'insalata, anzi "la nostra insalatona della casa" per soli 10 comodi euro. Conosci il meccanismo ma finirai comunque per cedere. E pensare che tu nella pubblicità ci lavori. Cose da pazzi.

CAPITOLO 1

L'ACCOUNT

"Tu sai come è fatta una motozappa?".
La sua voce rimbomba per tutto l'open space. L'Account non ha una sua postazione in ufficio: alternando appuntamenti e meeting a Gantt e RF, solitamente si aggira agitata per l'ufficio cercando uno spazio dove piazzarsi.
Il volume della sua voce è di almeno qualche decibel superiore al brusio di fondo che domina l'agenzia. Sembra che tutti debbano sapere se il cliente ha chiesto uno sconto, se stiamo andando fuori budget o fuori brief e se dobbiamo rispettare i tempi. O semplicemente devono essere messi a parte di richieste stravaganti e responsabili marketing insopportabili.
Lei non si è neppure tolta la giacca nera, il trucco leggero ma impeccabile. Dopo aver fatto la prima call della giornata urlando, si è andata a mettere nella sala riunioni, dove ad ampi gesti domina un capannello di tre ascoltatori, che la seguono ridacchiando mentre cerca di mimare la forma di una motozappa.
"Una specie di trattore", dice un ragazzo alto e magro che la ascolta roteando il caffè sul fondo di una tazzina.
"Esatto, una specie. Non potete capire dove è la

ditta. Devo portare la Smart a lavare, neanche il cemento c'era. Praticamente a Pavia".

"Oh my god", dice l'altra ragazza davanti a lei. Dalle AirPods nelle orecchie si capisce che è un'Account in piena crisi, infatti ogni cinque minuti si allontana per rispondere.

"È una ditta di attrezzi da giardinaggio, cosa ti aspettavi?".

"Non so, un ufficio di rappresentanza, o che almeno mi dicessero di mettermi degli stivaletti. Mi sono dovuta far dare delle calosce per scendere dalla macchina".

Immediatamente, tutti abbassano lo sguardo sui suoi piedi.

"Volevano anche farmela guidare", ride.

"Be' io lo avrei fatto", dice il ragazzo magro con la frangetta lunga. "Mica ti capita tutti i giorni di guidare una motozappa".

"Avvertite gli Strategist, dobbiamo identificare bene insight e target".

"Ma che cazz...??", dice la ragazza, fissando lo sguardo nel vuoto. Quando si accorge delle occhiate interrogative degli altri bisbiglia, indicando gli auricolari: "Scusate un secondo...".

"Raga, il cliente aspetta il report overall della cam-

“ IL REPORT OVERALL ”

pagna...", dice allontanandosi verso l'open space.
"C'erano il padre e il figlio. Il padre avrà sessant'anni. Il figlio sembra anche un bravo ragazzo, di campagna. L'idea di lanciare un nuovo prodotto così è sua. Che poi, apro e chiudo parentesi, è anche un bel ragazzo".
"Producono cesoie, decespugliatrici, quelle zappette e palettine, insomma, cose da giardino. Ora hanno il lancio di questa nuova motozappa".
"Quindi quanto cuberebbe?", la ragazza ha finito di telefonare e sembra di nuovo interessata al discorso.
"Dobbiamo andare con una proposta modulare. Hanno un po' di budget per un'idea big, ma non iniziate a sparare cose da un milione di euro".
"Secondo me devono alzare il prezzo e posizionarsi".
"Ma guarda che sono già le top di gamma, eh. Se vuoi una motozappa premium vai da loro".
"Mettiamo dentro tutto il FY, quindi sì, anche Natale!... Scusate, un secondo".
"Posso dire che odio queste cuffiette Bluetooth?!", dice l'Account guardando la ragazza allontanarsi di nuovo. "Comunque ci hanno mostrato tutte queste robe. Lui era lì con le cesoie lunghe a potare una siepe immaginaria, ma è stato divertente...". La

suoneria del cellulare la interrompe. "Ah, è lui. Si sarà innamorato", commenta guardando il display. Poi si allontana.
"Ma che tipo di motozappe sono?", chiede il ragazzo con la frangetta.
"Scusa?".
"Perché magari ce ne sono alcune più adatte per le patate, oppure, non so, per rizollare una risaia... Non esiste mica solo un tipo di motozappa".
"Ti piacciono proprio le motozappe, eh. Sarà uno di quei cosi per tagliare l'erba".
"Quelle non sono motozappe, sono tosaerba".
"Sono la stessa cosa".
"Non sono la stessa cosa...".
"Certo certo", dice l'Account tornando tra i colleghi. Ha la faccia atterrita: "È un'ottima idea. Ci pensiamo, grazie e a presto!", dice stiracchiando un sorriso.
Quando attacca fa un lungo respiro: "Vogliono fare la campagna su TikTok".

CAPITOLO 2

GLI STRATEGIST

Sullo schermo un uomo con una pancia enorme, senza maglietta, sta facendo roteare il tubo di un innaffiatore da giardino imprimendo al suo corpo gelatinoso una vibrazione sussultoria.
"Ma è *Dragostea* la canzone?".
"Sì, ma il trend è uzbeko. Ne ho trovati già cinque".
Altri signori impegnati a fornire una nuova interpretazione del twerking rimbalzano davanti agli occhi degli Strategist.
Sono in due, in piedi davanti al computer appoggiato sul grande tavolo al centro della stanza e con le braccia conserte. Portano degli occhiali tartarugati con le lenti rotonde, hanno lo stesso taglio di capelli; entrambi sono vestiti di nero, anche se uno indossa un maglione a collo alto e l'altro una camicia coreana completamente abbottonata e un cardigan nero. Probabilmente hanno anche lo stesso nome.
"Posso dire *creepy*?".
"Decisamente", risponde Colloalto allontanandosi dal computer. Cammina lentamente per la stanza, si ferma un secondo davanti alla libreria. Scorre con lo sguardo la mensola con i libri della scuola di Francoforte, poi ci ripensa e punta dritto verso gli illustrati. Estrae un libro fotografico sul brutalismo lombardo e ricomincia a camminare.

Oltre al tavolo e alla libreria nella stanza c'è una di quelle gabbiette per uccelli fatte a cupola dove tenevano un pappagallino. Quando è morto hanno deciso di lasciarla lì, un po' come monito. Hanno anche discusso se mettere un cartello con scritto "Non salviamo vite", ma poi gli era sembrato troppo didascalico. In fondo alla stanza, sulla parete corta è appesa una grande lavagna magnetica bianca. In alto, sopra a una decina di post-it blu e gialli, è scritto in stampatello:

OPERAZIONE MOTOZAPPA

"Ho trovato anche un trend neozelandese in cui delle ragazze mangiano i fiori".
"Forse possiamo farne a meno".
"Ragioniamo", dice Colloalto. "I giovani sono andati a vivere fuori dalla città, no?".
"Southworking".
"Esatto". Colloalto ha posato il libro sul tavolo, ma non lo ha ancora aperto. "Ma anche la casa fuori città. Grande, perché costa meno".
"Ritorno alla natura".
"*Into the Wild*".
"Mi sembra un po' troppo forse".

“NON SALVIAMO VITE”

"Ma non è voglia di selvaggio. Anzi... è un selvaggio addomesticato, una campagna civilizzata e tecnologica. In cui guardi i video su come dare il verderame con il tuo MacBook Pro, però indossi sempre delle terribili camicie di flanella a scacchi". Colloalto tocca la copertina del libro: "È uno stile diverso. Rivoluzionario: 'Voglio andare a vivere in campagna'".
"Toto Cotugno? Siamo seri?".
"Dico anche di attività agricole. Gente che ha studiato e ha messo su un'azienda".
"Sai chi?".
"Chi?".
"Pierre".
"Quello che ha fatto la tesi sulle variabili progressive con Micheloni?".
"Lui. Ti ricordi la degustazione di vini naturali all'enoteca di Gian? Il Lagrein che abbiamo bevuto lo produce lui".
"Esatto. A Pierre non gliela vendi la motozappa?".
"Ok, quindi il nostro acquirente ha studiato, e poi ha deciso di aprire un'azienda agricola. Ha trentacinque-quarantacinque anni. Devo iniziare a buttare giù il target che qua la vedo grigia".
"Più che altro, il cliente non vuole mica andare su TikTok?", ridacchia e continua: "*Pierre* TikTok pen-

sa che sia solo un suono onomatopeico... Bene ma non benissimo".

Il suono della notifica di un messaggio rimbalza dal computer ai telefonini. Entrambi controllano la notifica.

"È un tosaerba, non una motozappa", dice Camicia Coreana e Cardigan.

"Incredibile. Anni di studio alla Bocconi e non capisce la differenza tra una motozappa e un tosaerba?".

"Dice che si è sbagliata".

"Un tosaerba cambia tutto. Come si fa a confondere una motozappa con un tosaerba?".

"Dice che quelle macchine sono tutte uguali".

Sospira.

"Il tosaerba è uno status symbol".

"Il simbolo di una persona che ce l'ha fatta".

"Sì, ma il tosaerba è di destra, la motozappa di sinistra. Uno di sinistra il giardino se lo rastrella tutto da solo".

"Ma cosa c'entra il rastrello".

"Poi, dai, i giardini ce l'hanno quelli di destra".

"Figa, la *villèèèèttaaaa*", risponde pronto Camicia Coreana e Cardigan, aprendo la "e" in modo esasperante.

"Esatto, deve essere un oggetto aspirazionale. La

gente deve conoscere i tipi di tosaerba e sperare un giorno di averne uno".
"Come i drop di Supreme?".
"Tipo".
"Ma dai... stiamo veramente paragonando Supreme alle motozappe?".
"Tosaerba".
"Sì, quelli. Diciamo al cliente che deve produrre delle edizioni limitate".
"Vuoi fare un quadrato semiotico?".
"Senti, *quadrato semiotico*, iniziamo a fare quelle ricerche che qua che non ne usciamo, te lo sto dicendo".
Restano un po' in silenzio guardando la lavagna.
"Posso dire una cosa?". Colloalto stacca un Post-it e se lo rigira tra le mani. "'Operazione tosaerba' non è bello come 'Operazione motozappa'".
"Vero", risponde Camicia Coreana e Cardigan.
"Io il titolo non lo cambio".
"Sono d'accordo".
"Vedi criticità?".
"Figurati".

Avanzamento tosaerba

Da: account@agenziastanca.it — Ore 11:30

A: all@agenziastanca.it

Oggetto: Avanzamento tosaerba

Ciao a tutti,
Vi faccio un recap sulla riunione. Mentre capiamo bene tutti i desiderata del cliente, vi dico che dobbiamo costruire un progetto modulare. Per favore, prepariamoci già con una proposta big e una basic (come vi dicevo, vogliono andare su TikTok e ci tengono a diventare virali…).
Dobbiamo capire come.
Ho schedulato i meeting di avanzamento in calendar.
P.S. il prodotto è un tosaerba, quello per falciare il prato. NON È UNA MOTOZAPPA.

Grazie
A.

Rispondi | Inoltra

Hai già promesso tre caffè ma non sei ancora riuscita a iniziare a lavorare. La riunione di allineamento per il PROGETTO MOTOZAPPA è stata un ginepraio. Ognuno ha detto una cosa diversa, non sei neanche sicura di aver capito quale prodotto va lanciato.
Se solo il computer non si inchiodasse. Alzi la testa in cerca di qualcuno che possa aiutarti. La maggior parte dei tuoi colleghi ha il viso ipnotizzato dallo schermo, qualcuno muove la testa a ritmo mentre completa i campi di una tabella Excel, fa il terzo rework sul Key Visual per la gara di un brand automotive che non è ancora cliente e già rompe, aggiunge la centocinquantesima slide a una presentazione che pesa già 489 MB, prepara il copy per un formaggio stagionato o scorre video su YouTube alla ricerca di uno spot famoso del 1998.
Gli account si aggirano parlando al telefono concitati, alcuni Producer borbottano in un angolo. Ci sono persone che non hai mai visto e quelli con cui hai fatto nottata, ci sono due Direttori Creativi, quattro Social Media Manager. Alzi la testa e provi a dire ad alta voce:

"Ma a voi va internet?".
Nessuno risponde, la tua voce viene inghiottita dal brusio di fondo dell'open space.
Ti aggiri come una rabdomante per la stanza. Finché non ti sembra che l'icona della connessione abbia lampeggiato per un secondo. Resti lì, ferma in piedi, con il portatile in equilibrio sul palmo della mano, incastrata tra due scrivanie.
"Eh… non va la rete", rispondi agli sguardi interrogativi che ti sta lanciando mezzo open space. "Ma a voi funziona?".
Ancora nessuna riposta. Fai altri due passi sperando che il segnale riparta ma non succede niente. Come un miraggio in fondo alla stanza appare l'IT. Ti vede lì, in piedi, con gli occhi supplichevoli e la sua bocca si piega in un sorriso beffardo facendoti cenno con le dita per imitare il gesto di digitare. "Devi aprire un ticket", ti urla.
Eh ok. Recuperi il numero dell'help desk da una mail mandata da HR a novembre. La ragazza ha il tono compiacente di chi riceve la chiamata della madre Lady Cocca che ha cancellato Google. Ti dice che devi mandare una mail per aprire un ticket.

“

MA A VOI VA INTERNET?

”

"Sì, no, ma il problema è che non mi va
internet per questo ho chiamato...".
"Ok", dice. "Mando un tecnico, che piano sei?
Però non adesso che sta facendo il trasferimento
da computer a Mac per due designer".
"Ma se l'ho visto qua".
"Inizia ora, ci vorrà un po'".
Non fai in tempo ad aggiungere altro che lei
ha già attaccato.
Sospiri, poi ad alta voce dici: "Ehhh va bene,
mi metterò in hotspot, allora".
Uno dei ragazzi più vicino a te si sfila delle
enormi cuffie da dj verdi e ti dice: "Guarda,
a me fa sempre così, ti dico solo che una volta
ho perso un keynote aggiornato tre ore prima
della consegna e volevo spararmi".
È la prima volta che vi parlate.
Anche in questo caso non fai in tempo
a rispondere. In fondo alla stanza appare
nuovamente il tecnico dei computer.
Avanza a grandi falcate con il petto in fuori
e lo sguardo sicuro. Sotto braccio ha
un computer nero.
Nella tua testa parte la sigla di Baywatch.
Sorridi finché non molla sulla tua scrivania

un portatile del 2009. La musichetta nella tua testa si dissolve con uno stridio.
Rimani ferma a guardarlo per trenta secondi, e pensi: "Chissà se in questo vanno ancora i CD".
Ti lasci andare all'ennesimo sospiro della tua giornata. È arrivato il momento del caffè.

CAPITOLO 3

I CREATIVI

"Possiamo mettere un'enorme patata in piazza Duomo. Sarebbe decisamente disruptive".
Il Copywriter e l'Art Director sono seduti su un divanetto giallo. Il Copy ha una camicia inamidata che fa capolino da sotto un maglione verde, mentre la ragazza sembra appena uscita da un'assemblea del Dams di Bologna. Non dice una parola ma mastica la gomma con la bocca aperta riempiendo la stanza dei suoi ciancichii.
Lele, il Direttore Creativo, oggi è in ufficio e stranamente disponibile per quel primo pensiero. Si è lasciato incuriosire dal progetto e ha deciso di seguire lo sviluppo fin dall'inizio. È in piedi su uno skate che sposta il peso da una parte all'altra. Nonostante i capelli siano tutti bianchi, ha una frangetta che gli balla davanti agli occhi, anzi, a guardarlo bene, è la copia invecchiata del protagonista di qualche college movie anni Novanta. Ha delle enormi Vans bianche e verdi. Sembra non aver neppure sentito le parole del Copy; il suo cervello è teso nello sforzo di sincronizzare i movimenti per un back flip.
La stanza è strapiena di oggetti: ci sono piantine, premi vinti negli anni, tutti impolverati, gadget di plastica, decine di libri di poster e texture, sorprese degli ovetti Kinder, un Game Boy, un piatto per

vinili e un kit per il ping pong che giace ancora nel suo involucro di Amazon.
"Aspetta, sennò potremmo mettere un trattore. Una cosa tipo piazza Cadorna. Esaltiamo la laboriosità degli uomini lombardi", insiste il Copy.
La stampante nell'angolo della stanza comincia a ronzare. L'Art posa il computer a terra e senza dire una parola recupera un Key Visual con piazza Duomo e un'enorme motozappa al centro. La mette sotto il naso del Direttore Creativo che finalmente sembra ridestarsi dai suoi vagheggiamenti alla Tony Hawk. Salta giù dallo skate e dice: "Mi pare una cazzata. È comunque è un tosaerba, non una motozappa".
"Ah, giusto".
"Ci tagli il prato, non ci coltivi le patate".
"Forse il nome dell'operazione fa un po' casino".
"Vabbè, è uguale, mettiamo un tosaerba".
"Ma tu non devi esaltare la laboriosità, anzi. Il contrario. Il tosaerba è una scorciatoia per chi ce l'ha fatta. Una utility aspirational. Anche un po' coatta".
"Ci mettiamo un alettone?".
"...".
"I neon sotto? Un tosaerba gigante con i neon blu sotto".

“

DISRUPTIVE

”

La stampante ronza di nuovo ma l'Art non fa in tempo ad alzarsi che il Direttore Creativo la blocca:
"È una cazzata anche con i neon".
"E se la mettessimo in Moscova?".
"Basta con questa statua, ci serve un'idea forte".
"Gamification?".
"Cioè?".
"Landing Page con gioco in 64 bit e il tosaerba che più tosa l'erba e più l'utente guadagna punti?".
"Mmm, bello. Guarda, non vedo l'ora di giocarci".
"Qualcosa con eco green? Che ne so, erba = sostenibilità. Cose così". Tutti si girano a guardare l'Art che sulla difensiva dice: "Ragazzi non lo so eh, sto sparando...". Il Direttore Creativo osserva la sua squadra vagare con lo sguardo in cerca di un'idea, poi dice: poi dice: "Va be', senza target e senza insight mi rendo conto che stiamo facendo un fatica assurda, ma quando arriva la strategia dai planner scusate?!".
Con una zampata fa saltare lo skate che prende al volo prima che lo colpisca dritto in faccia. Mentre fa per uscire dalla stanza si ferma davanti alla stampante: nel vassoietto l'immagine di un tosaerba con dei neon blu in via della Moscova lo fulmina con tutta la sua carica glamour.

"Sai che se per caso gli Strategist individuano come target l'imbruttito, forse questa cosa della motozappa in Moscova non è male".

"Tosaerba", lo corregge il Copy.

"Sì, tosaerba. Non è male, teniamocela nel retrocranio". E ridacchia.

L'Art si esalta: "Se mettiamo la motozappa in Moscova possiamo lanciare un trend. Diventare virali. Esci dal Radetzky di corso Garibaldi e ti fai una foto sulla motozappa".

"Come quelli che si fotografano con le Ferrari".

"O come la roccia della Costa Smeralda. Se non ti fai una foto lì, non sei mai stato in Sardegna".

"Dai, prepara già un mockup".

"Potremmo metterci sopra un gattino, sono in trend di brutto su TikTok", dice l'Art.

"Sì, va be', poi? Scie chimiche? Ma che c'entrano i gatti", sbotta il Copy. "Hai capito chi sarebbe il target?".

L'Art resta zitta un istante aspettando che la domanda del Copy perda densità, poi dice: "Un gatto col Monclair e il Moscow Mule in mano?".

CAPITOLO 4

IL TEAM SOCIAL E PR

Tutta la squadra social è riunita in una delle sale riunioni. Sono in quattro, ognuno ha un computer davanti gli occhi, ma nessuno lo guarda. Sono tutti impegnati a far scivolare il dito sull'iPhone.

"Algoritmo del cazzo, raga, è cambiato un'altra volta", sbotta una ragazza. "Mi spiegate come è possibile che il post di ieri abbia ricevuto 20 like? Era fighissimo...".

"Lascia stare, mi ha chiamato Colletti per sapere quand'è il lancio della campagna adv".

"Cosa gli hai detto".

"Che parte domani".

"Voleva saperlo così è il primo a mettersi un like da solo?".

"Ha chiesto quanto ci mette ad arrivare a diecimila follower".

"Be', se continua a mandarci le foto che fa la nonna con un Nokia 3310 la vedo difficile".

"Ok, basta", dice quello che appare con ogni evidenza il Social Team Leader.

"Allora, chi contattiamo? Il cliente vuole sicuramente un testimonial e gli influencer. Vogliamo iniziare a buttare giù dei nomi? Dai".

"La butto lì, hai presente *Lamborghini* di Guè".

"*Sure*".

"Capo Plaza con *Tesla*".
"Chiaro".
"Ecco, cerchiamo un rapper. Associamo un rapper al tosaerba".
"Sto male".
"*Tipe di tutti i colori. Comprerò un tosaerba*", canticchia la ragazza delle PR accennando il passo di una coreografia vista su TikTok.
"Sì certo, ce li vedi i fan di Guè sul tosaerba. Chi sente rap non c'ha un giardino, e non si è neppure trasferito in campagna".
"Ma cosa ne sai, ormai il rap lo ascoltano tutti".
"Certo, quanto è gangsta farsi un tosaerba".
"Se ti fai il tosaerba c'hai un giardino, vuol dire che hai fatto i soldi".
"Oppure vivi a Bugliano".
"Ah ah ah dove cazzo è Bugliano?".
"È una città che non esiste, per quello la stiamo tirando in mezzo".
"Ma in che senso".
"Niente, lasciamo stare Bugliano".
"Immaginati un video con Tony Effe in vestaglia di seta rossa damascata su un trattorino con le finiture oro, e dietro un mega villone bianco in stile palladiano".

“

MI SEMBRA
UN PO’ TRICKY

”

"Non l'ha già fatto?".
"Quella era una golf car".
"Secondo me era una falciatrice".
"Secondo me ti confondi con Rocco Siffredi".
"Non lo so, comunque il tosaerba è gangsta, datemi retta. È aspirazionale".
"*Flexo sul mio tosaerba*... Anche Sfera ci sta, raga".
"Totale", dice. Poi canticchia: "*Il mio culo sopra un tosaerba*".
"*Sku sku*".
"Mi sento di dire che abbiamo l'idea wow".
"Va be', metti pure che prendiamo un rapper o un trapper come testimonial. Dobbiamo comunque spingere a bomba con gli influencer".
"Quello della dieta macrobiotica?".
"Ma va', cosa c'entra".
"Qualche fitness influencer? Magari fa ginnastica in giardino?".
"E arriva con il tosaerba?".
"Mi sembra un po' tricky".
"Misleading".
"Già, misleading".
"Chi ha il giardino?".
"Tiziano Ferro?".
"Diletta Leotta".

"Aspetta, ce l'ho: Diana Del Bufalo. Lei ha sicuramente un giardino, l'ho visto dalle sue stories".
"Madonna, sei un genio".
"Grignani?".
"Ci sta, raga, ha anche cantato a Sanremo".
"Facciamo una proposta modulare per favore. Mettiamo i testimonial on top perché già così mi sembra che costi tutto un botto".
"Eh lo so, però facciamoli sognare con Sfera sul tosaerba dai...".
"*Sku, skuuuuu*".

Sei a pranzo. Ti sei presa un'insalatona al bar all'angolo ma hai dimenticato la tessera con i buoni pasto a casa. Quanto ti scoccia pagare "con soldi veri" i 10 euro di pranzo scadente. In cassa hai beccato una tua collega Project Manager. Ora siete sedute insieme al tavolo di legno della "sala pranzo", ovvero una sala riunioni riadattata per il pranzo. Quando entrate ancora non c'è nessuno ma sono rimasti dei fogli scarabocchiati con una motozappa e tre ciuffi d'erba.
Tiri fuori dalla busta il contenitore ermetico di plastica con l'insalata, il sacchetto con le posate di carta e le bustine dell'olio e del sale.
La tua collega ha un tupperware in cui del tofu giallognolo galleggia in uno strano liquame scuro. Ti scrolli di dosso quell'espressione disgustata prima che la tua collega se ne accorga. Mentre trangugi le prime forchettate pensi a un possibile argomento di conversazione ma per fortuna lei è più veloce di te.
"Quand'è che vai in ferie?", ti chiede.
"Non lo so", rispondi cercando di tenerti in bocca i chicchi di mais che provano a fuggire.
La porta della sala si apre e fa capolino un tipo alto

e dinoccolato. Lo hai già visto anche se non conosci nessuno che abbia mai parlato con lui. Ti sembra si chiami Pollo, Gallo o qualcosa del genere.

Vi fate un cenno con la testa e lo osservi girare intorno al tavolo e tirare fuori la sua schiscetta. Ogni contenitore è etichettato e con il coperchio di un colore diverso. Dopo aver sistemato tutto sul tavolo, estrae un astuccio in pelle nera che si apre a libretto e da cui tira fuori i pezzi assemblabili di una forchetta e un coltello. Se un serial killer dovesse portarsi la schiscetta sul lavoro, pensi, sicuramente sarebbe così.

“Ma sul piano ferie cos’hai messo?”, la tua collega ha finito il tofu e ora, la guancia poggiata sul palmo aperto della mano, ti osserva con la bocca a cuore.

“Credo le due centrali di agosto, più quella dopo”.

Tiri su una delle ultime forchettate umide e prima di metterla in bocca aggiungi: “Poi forse mi prendo qualche giorno random*”.*

La porta si apre di nuovo, ma i due tizi che entrano nella sala questa volta non li hai mai visti. Le tazzine di caffè in mano, hanno dei completi blu elettrico chiusi su una camicia bianca perfettamente stirata. Sicuramente hanno

“

LE DUE CENTRALI DI AGOSTO

”

tre iniziali cucite sotto il taschino, pensi, mentre uno di loro, intercettando il tuo sguardo, si apre in un consumato sorriso da commerciale: "Buon appetito", dice con voce squillante. Rispondi con un ghigno tirato e torni a guardare la tua collega. Lei non aspettava altro che un tuo cenno per ripartire.
"Io ho prenotato le prime di agosto, andiamo in Sicilia con quattro amiche. Ma non ce la faremo mai", dice, "non siamo allineate. Ti dico solo che ho provato a impostare il roadtrip su un Excel, ma ancora non abbiamo prenotato niente. Senti se ti torna. Atterraggio alle 12 e 30 a Palermo, ritiro auto Europcar, destinazione Hotel Licata...".
Non hai sentito niente, hai l'impressione che stia parlando da ore, l'insalata rimasta appiccicata sul fondo del contenitore ti riguarda sconsolata. Forse lato tuo dovresti essere più sensibile a queste cose. Quando lei si ferma e ti rendi conto che si aspetta una battuta, istintivamente, con tutta l'enfasi che riesci a racimolare, dici:
"Dai, mi sembra top comunque".
Lei sorride, funziona sempre. A quel punto ti alzi e dici: "Scusa, ma ho una call alle due spaccate".

Raccogli le briciole sparse sul tavolo e passi uno scottex per pulire. Gallo è ancora lì, la testa alta, sta masticando per la trentesima volta lo stesso boccone.
In corridoio pensi che forse un power nap *sul divano del corridoio potresti concedertelo. Dieci minuti al massimo. Ma poi forse ti sveglieresti peggio.*

Da: account@agenziastanca.it

A: all@agenziastanca.it

Mer
13
Apr

Invito:
INTERNA PROGETTO MOTOZAPPA@
Mer Apr 13, 2022 10.30-12.00
(CET) (all@agenziastanca.it)

CAPITOLO 5

IL CLIENT LEADER

Sul bancone allestito a cucina dell'ufficio è tutto perfettamente allineato. Due macchine del caffè, una nuova bianco lucido e una vecchia dal design che richiama le forme di un alieno. Decine di cialde ecosolubili riposte per tipologia: cremoso, morbido, intenso... una scatola di legno piena di tè e tisane rilassanti, un dispenser per i cereali e un vassoio chiuso di panini destinato probabilmente a una riunione, un bollitore dalle pareti rigate dal calcare che soffia fuori il suo richiamo anche se nella stanza non c'è anima viva. Man mano che diventa più acuto il fischio si propaga fuori dall'area cucina, attraversa l'open space ancora vuoto, le sale riunioni, gli uffici silenziosi dei grafici, fino a una stanzetta in fondo al corridoio dove il Client Leader siede sprofondato sulla poltrona ergonomica.

Quando è uscito di casa, questa mattina, il sole non era ancora spuntato del tutto ma la sua ansia lo aveva già spinto in strada: i raggi facevano capolino a mezza altezza dai finestroni dell'open space nel momento esatto in cui il Client Leader entrava in ufficio, chiedendosi, per un attimo, se fosse l'alba o il tramonto.

La prima mail della giornata è di Simona dell'am-

ministrazione con in copia tutto il financial. Con il solito fare conciliante, saltando a piè pari i convenevoli, gli intimano di sollecitare il cliente per un PO che non arriva.
Il Client Leader si sbottona il colletto della camicia. La seconda mail è del CEO, che a sua volta inoltra la mail di un suo contatto per un progetto dedicato a un piccolo brand familiare di gioielli che vuole lanciarsi "nel mondo dei teenager". Tutti che vogliono parlare alla GenZ. Chissà se sono veramente un segmento rilevante o è solo un modo per combattere la vecchiaia. Il fischio della teiera ha raggiunto il livello di decibel in cui di solito i cani impazziscono, ma lui non se ne accorge. Con il gomito sulla scrivania e con il mento appoggiato sul palmo della mano, sta scorrendo lentamente la presentazione online ancora in wip del "Progetto motozappa". O tagliaerba, quello che è. Non è convinto che questa roba dei trapper funzioni. Uno spreco di soldi. Magari ne trovi pure qualcuno che accetta di farti da testimonial, la campagna la lanci pure, ma quale può essere la redemption di un piano del genere? Il target è focalizzato nel modo giusto? Ma poi figurati se il cliente ci casca. Ok la GenZ, TikTok e tutto il resto, ma se sono diventati

“

GENZ

”

leader del loro settore senza 'sta roba, perché dovrebbero accettare ora? Dà un'occhiata ai primi Key Visual nella pres e prima ancora che possa inorridire vede una pecetta con scritto:

PLACEHOLDER!!! @Ale qui cambiamo e mettiamo testimonial (ancora tbd) - chiedi alle PR.

Ah, siamo messi così.
Prende il cellulare e apre WhatsApp. Nel gruppo di famiglia "8 sotto un tetto" suo zio ha mandato una gif di Winnie the Pooh glitterata con un'enorme tazzina di caffè con scritto "Buongiorno" e sua madre ha risposto con un link di una fake news su un nuovo metodo per truffare gli utenti attraverso WhatsApp e da cui era possibile uscire soltanto copiando e incollando il messaggio a dieci persone; il gruppo del Fantacalcio ha sette messaggi non letti. Paccato anche ieri sera. Cerca la chat con l'Account e scrive:

[13/04, 9:03]
Mi aggiornate asap su questa cosa della motozappa pf?

L'Account è online: anche se ha disattivato la spun-

ta blu, ha sicuramente letto il messaggio. Comincia a scrivere qualcosa ma poi lo cancella. Mentre osserva le stringhe *Sta scrivendo...* apparire e poi sparire due, tre volte, il Client Leader si ricorda finalmente del bollitore. Si alza di scatto ed esce dalla stanza correndo. Nella sala cucina, due tipi in giacca e cravatta che non ha mai visto stanno bevendo il tè appoggiati al bancone. Lo guardano un istante con aria interrogativa. Poi il più basso dei due, con un sorriso deciso e la voce squillante, dice: "Buongiorno" e lui pensa: "Sì, cicci, se non vi foste bevuti la mia acqua, magari. Ma poi chi cazzo sono questi?".
Il più piccolo dei due, quasi leggendo i suoi pensieri, aggiunge: "Il bollitore stava per esplodere".
Comincia a riempirlo nuovamente quando il suo cellulare inizia a vibrare.

[13/04, 9:07]
Account (*falsa come Giuda*): Ciao, buongiorno! Certo, la strategia fila e i ragazzi stanno lavorando alle idee creative che presentano oggi. Tutto ok, dopo ci aggiorniamo 😉

Mai fidarsi dell'occhiolino.

"Buongiorno".

Poco più in là, gli occhiali tartarugati in bilico sulla punta del naso, Colloalto sta prendendo uno yogurt dal frigo.

"Ah, meno male che sei qui. Volevo giusto parlare con voi".

"Spara".

"Ho visto la pres con gli insight per la motozappa. Ma siete convinti?".

Con tutta la lentezza possibile per quel gesto, la bocca di Colloalto si allunga in un sorriso semi beffardo. "È perfetto. Questa...", dice togliendo la linguetta di alluminio dallo yogurt. "Questa non è semplicemente una campagna. È una rivoluzione culturale". Lecca la linguetta ermetica e dice imitando una posa plastica da Power Ranger: "To the moon".

"Non lo so...".

"Fidati, è il tocco di locura che serve al progetto".

"Un tocco di che?".

"Locura", ribatte Colloalto. "Locura", ripete ancora due volte prima di sparire lungo il corridoio.

Il cellulare del Client Leader vibra ancora. Sul gruppo di famiglia, "Franco marito Anna" ha mandato il messaggio per evitare di farsi truffare da WhatsApp;

“

MI AGGIORNATE ASAP?

”

i messaggi del gruppo Fantacalcio sono diventati trenta; l'Account gli ha mandato altri tre occhiolini. Sopra l'icona delle mail un segnalino rosso indica tre mail non lette. Un invito per un new business di 15 K, uno chef televisivo che vuole rilanciare la propria immagine chiede di fissare una riunione asap, Ryanair gli ricorda che può andare a Bratislava per soli 9 euro.
Con la coda dell'occhio intercetta l'Art che arriva in open space con le cuffie e l'aria di chi si è sparata venticinque minuti in bici. Aspetta cinque minuti, il tempo di riempirsi la tazza con il caffè solubile e l'acqua, e la raggiunge nella stanza dei Creativi.
Lei è seduta di fronte al monitor 27 pollici del suo Mac. Nonostante indossi le cuffie tutta la stanza è scossa dalle vibrazioni di un pezzo techno. "Come fai a sentire questa roba di prima mattina?", chiede tamburellando le dita sulla sua spalla. Lei si gira appena. Sta scontornando immagini di tosaerba.
"Progetto motozappa?", chiede il Client Leader.
Lei finisce di tratteggiare una delle ruote e sta trascinando l'immagine già scontornata di Sfera Ebbasta, avvicinandola sempre di più al tosaerba. Poi inclina la testa per valutare il risultato.
"Ehi?", incalza lui: "Il progetto motozappa?".

"Ah, sì, sì!", dice lei togliendosi le cuffie. La musica ora si sente ancora più forte.
"Ma come fai a sentire questa roba di mattina?".
Lei alza le spalle: "Eh, sennò non mi sveglio". Sta quasi per girarsi verso Sfera Ebbasta che l'aspetta sul monitor che il Client Leader con un ultimo balzo riprende la sua attenzione.
"Progetto motozappa?".
"Sì".
"Sì cosa?".
"Oggi ve lo presentiamo", dice tutto d'un fiato l'Art.
"Ok".
"Però conta che è ancora un wip".
"Per l'interna ce la facciamo ad avere qualcosa?".
"Dipende se ci bocciano le idee nell'interna che abbiamo con Lele" (*il Direttore Creativo*).
"Ah perfetto...", dice scuotendo la testa. Fa per andarsene poi torna indietro. "Per favore lavorate sull'ingresso perché quello che vedo ora è solo un trapper su un tosaerba. Pensavo scherzaste".
Esce dalla stanza con il cellulare già in mano. Il telefono del Direttore Creativo è acceso.
Dopo sei squilli, un secondo prima che lui riattacchi, la voce squillante esce dall'altoparlante.
"Prontoooo?", urla nel traffico.

"Buongiorno".
"Dimmi".
"Hai cinque minuti…".
"Sì, sì, sono in strada che c'è un casino allucinante, sono in bici e tra cinque minuti entro in interna, ma dimmi".
"Scusa un attimo, ma come siamo messi sul lancio del tosaerba? Le idee le hai viste?".
"Su cosa?".
"La motozappa".
"Ah, quella roba. Adesso i ragazzi mi presentano le idee, ma ho partecipato ai primi bs. La strategia da quello che ho visto… fila". Fiatone.
"Va bene, io ve lo dico però. Ok che il cliente sogna TikTok, ma non andiamo con idee wow che non fittano con il budget. Poi quella parte me la smazzo io, ma non voglio inculate".
"No, ma capisco il tuo punto, però dovremmo esserci".
"Eh dai, ci vediamo dopo".
Il Client Leader resta lì, fermo nel corridoio, con il telefono in mano. Ragazzi, io non la vedo bene manco per un cazzo 'sta roba.

“

NON FITTANO CON IL BUDGET

”

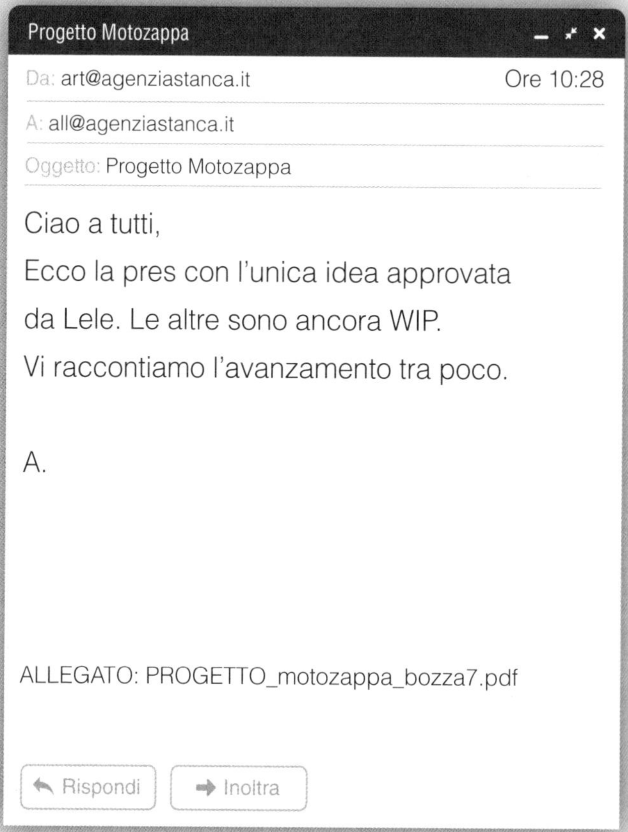
Progetto Motozappa
Da: art@agenziastanca.it
Ore 10:28
A: all@agenziastanca.it
Oggetto: Progetto Motozappa
Ciao a tutti,
Ecco la pres con l'unica idea approvata
da Lele. Le altre sono ancora WIP.
Vi raccontiamo l'avanzamento tra poco.
A.
ALLEGATO: PROGETTO_motozappa_bozza7.pdf
Rispondi
Inoltra

CAPITOLO 6

L'INTERNA

Alla riunione partecipa tutto l'universo mondo. Gli Strategist hanno già presentato la strategia all'Account e al Direttore Creativo in un'interna di due giorni prima iniziata alle due e finita alle quattro. Ora è il turno del Client Leader che vedrà una strategia e un'idea. L'unica che s'è salvata. Sono le 10:30 e l'atmosfera in sala riunioni è già tesa. Il Direttore Creativo non si è presentato. I suoi feedback li ha già dati e ora deve volare in un'altra pres per un ATL che cuba il doppio di questo progetto.

La coppia creativa giace in un angolo con le occhiaie e guarda il Mac con le mani tra i capelli, sdraiata sul tavolo.

Due idee su tre bocciate. Stanotte si fanno le tre sicuro.

Gli unici rilassati sono i SMM che continuano a sghignazzare. Mentre aspettano che tutti arrivino programmano post e scrivono copy passando dal formaggio in offerta alla Giornata internazionale dell'amicizia su cui il cliente che vende trapani vuole fare a tutti costi un post. E va bene.

Poi ci sono i due Strategist, Cardigan e Colloalto, che stanno seduti composti sorseggiando il caffè, sicuri di aver fatto il loro lavoro bene; l'Account, che è agitata perché anche questa volta siamo in ritardo, e il Client Leader, che saluta e si siede davanti allo schermo della sala.

"Ragazzi, ditemi la verità: è un bagno di sangue?", chiede il Client Leader mentre tenta di collegare il Mac allo schermo con il telecomando e strizza gli occhi cercando di vedere da lontano.

L'Account sbotta: "Ok che il cliente vuole buttarsi su TikTok, però a chi è venuta l'idea di mettere il tosaerba in Moscova? Il Comune figurarsi se ti rilascia i permessi. Ma poi sicuramente lo danneggeranno. O peggio: lo useranno per qualcosa di illegale".

I SMM alzano la testa dal computer e iniziano a ridacchiare ad alta voce.

"No sto male, un furto in motozappa".

"Una roba alla Rovazzi".

"Gomorra sui tosaerba".

"Ah ah ah. Ma te li immagini i titoli ovunque: 'La banda della motozappa bianca terrorizza Milano'".

"Scippatore agricoltore / va a fa' i furti con trattore".

"Che poi se gli spacciatori cominciassero a usare una motozappa saremmo a cavallo".

"A cavallo o a motozappa??".

"...Va be' dopo questa".

"Ci daranno la colpa per una pubblicità ingannevo-

“UN BAGNO DI SANGUE”

le e fuorviante", riparte l'Account. "Finiremo in una shit storm epica". Si ferma un secondo, lo sguardo illuminato, e dice: "Va be', io nel caso la crisis gliela quoto".
"Prima di pensare alla crisis, possiamo gentilmente vedere il documento?". Il Client Leader ha collegato il computer.
La tensione si posa come una coltre spessa su ogni superficie, gli attimi che la precedono sono densi di elettricità, la quiete prima della tempesta. Nessuno lo dice, ma il pensiero di tutti è lo stesso.
Siamo indietro e le idee sono deboli.
Ma ormai siamo qui, quindi procediamo.
Gli Strategist fanno un breve recap sul concept strategico. Colloalto è in piedi e molto composto, spiega tutto per filo e per segno e, in effetti, la strategia fila. Conclude, schiarendosi la voce.
"Il 48 per cento del nostro target dichiara di aver ascoltato almeno un artista rapper o trapper quest'anno. Sappiamo che abbiamo indirizzato i Creativi su questo, quindi lascio la parola a loro".
L'Art si alza aggrottando le sopracciglia e sospirando. Il Copy rimane seduto.
"Lele ci ha stroncato due idee perché sono deboli

e non abbastanza tonde. È rimasta quella wow che però può essere fuori budget".
"Fuori budget quanto? Ma poi quale? Quella del tosaerba in Moscova? Come ha fatto ad approvarvela?".
In Century Gothic Bold, bianco su un'immagine di Sfera Ebbasta opacizzata nera, compare il concept:

MILANO, SUPERBA. IO, SUL TOSAERBA

"Milano superba, io sul tosaerba? Davvero???", scandisce lentamente il Client Leader incredulo.
"Sì, ma deve essere no sense e anche un po' stupido apposta".
"Ah ah ah. Raga, ma è geniale! Secondo me spacca!". Il SMM che segue solo brand di assicurazioni da tre anni non leggeva una cosa così disruptive dalle medie.
"Vediamo la creatività per favore".
L'Account suda.
L'Art bisbiglia al Copy che guida la presentazione: "Fai partire, per favore?".
Il beat di *Still D.R.E.* riempie la stanza mentre sullo schermo appare il perimetro di una città vista dall'alto. Il buio della campagna contrasta con le

arterie pulsanti di luci che delimitano la superficie urbana. Lo skyline di Citylife è ben visibile e una dronata fa il giro delle torri. Il rullante va sempre più veloce. È un crescendo ipnotico. La camera si abbassa lungo la traiettoria di uno zoom vertiginoso mentre in quell'intrigo di strade riconosciamo le strade di Milano.
L'inquadratura precipita vertiginosamente fino a inquadrare un tosaerba cromato e con i neon blu che illuminano il marciapiede di via della Moscova.
Silenzio.
L'Account si toglie il golf e lo lancia su una sedia. Il Client Leader si schiarisce la voce e incrocia le braccia allungando le gambe sotto la scrivania.
I SMM muovono il collo ballando e canticchiando, sempre con le dita sulla tastiera e guardando lo schermo. Le PR si guardano tra di loro e si domandano quanto possano costare Sfera Ebbasta o Tony Effe.
L'Art prosegue con le uniche cose che ha in presentazione e illustra idea, execution e meccanica.
"...E quindi poi qui ci mettiamo la figura di un trapper o un rapper italiano, l'idea era quella di...".

“LA CRISIS GLIELA QUOTO”

Ore 19:22

In questa casa non ci sei mai stata, anche se non è di certo la prima volta che finite da qualcuno, dopo l'ufficio, per andare avanti insieme su un progetto con deadline ieri, praticamente. Sei finita in Brera, in un palazzo storico con un ascensore d'epoca in ferro battuto, nell'appartamento della collega, milanese da generazioni, che ti ha fatto togliere le scarpe prima di entrare. Nel monolocale da 35 mq di un Art fuorisede in Porta Venezia che ha passato la serata a farsi i drum e a fumare in casa. Alle 23:47 eravate finiti a confrontarvi sul perché la nostra società non accetta così facilmente la poligamia: "Cioè, alla fine se ci pensi, in natura già esiste". Poi nella casa da studenti con i turni delle pulizie attaccati sul frigo e un unico asciugamano in bagno dal ruolo non ben definito, che dove cazzo me le asciugo le mani ora? E hai finito per asciugartele con la carta igienica che ti si è appiccicata tra le dita.
Questa volta l'appartamento si trova in zona Tortona. È all'interno di una casa di ringhiera. È ristrutturato, caldo, accogliente e dalla finestra si intravede Porta Genova. Anche se è in affitto e la casa non è sua (non ancora, perlomeno, forse),

è proprio la casa del Copy. Non potrebbe abitare altrove. Si muove completamente a suo agio tra i mobili IKEA che gli ha lasciato il proprietario, un commercialista trentacinquenne che vive in centro a Piacenza e che anni fa ha deciso di investire in questa zona. Colpaccio. Oggi qui ci vive il Copy che, aprendo ogni anta della cucina per cercare dei bicchieri non spaiati, chiede: "Che pizza volete?".
La voce rimbomba nello scolapiatti mentre lui ha ancora la testa dentro.
"Boh, io farei una capricciosa", l'Art risponde con voce strozzata mentre fa una smorfia e si toglie il pesante zaino Herschel, lasciandolo andare sul tappeto bianco in stile berbero.
Ci pensi un attimo. Stai per dire automaticamente "Una margherita", ma poi ci ripensi. "Würstel e patatine fritte con Coca-Cola Zero. Sì, lo so, non dite niente", dici prevenendo il "Ma dove siamo, alle elementari?" che dicono tutti ogni volta che annunci il tuo ordine. Il padrone di casa ha trovato finalmente i bicchieri, uno ha una crepa "ma non ci formalizziamo". Si appoggia al bancone della cucina, di schiena, sghignazza un secondo ripensando a würstel e patatine fritte

mentre con il dito scorre sullo schermo il menu da asporto di una pizzeria egiziana.
"Oppure preferite un poke?".
"Poke ci sta".
"No, io vado di pizza perché stasera vorrei avere almeno una gioia".

Ore 20:47
I poke che il rider Samuel ha portato puntale giacciono sul tavolo, finiti. Rimangono solo le ciotole in materiale compostabile, vuote e sporche di soia, le bacchette buttate in mezzo e qualche resto di mais.
"Io mi chiedo come fate a mettere il mais nel poke".
"Sì, però mai come chi ci mette i ravanelli".
"I cosa? Ma poi pizzicano quei cosi".
"La tua pizza com'era?".
"Posso dire? Non le avrei dato un euro e invece ci stava, buonissima. Devi andare a prenderla più spesso qui sotto". Però ora sei piena. Mandi giù un sorso di Coca-Cola e ti rimetti sull'Excel con i KPIs che ti si riproporranno stanotte. Insieme ai würstel.

Il Copy si è accomodato sul divano con il Mac sulle gambe. Ora si è isolato con le cuffie perché sta provando a buttare giù la seconda strada che avete brainstormato mentre cenavate.
L'Art sta andando avanti con i Key Visual.
Momentaneamente c'è quell'euforia, quella "presa bene" e motivazione delle 20:47. Non sono ancora le nove, quindi è abbastanza presto. Una strada è quasi chiusa, all'altra avete iniziato a pensare seguendo gli insight degli Strategist e sembra filare.
Ok, forse la svanghiamo.

Ore 21:58
"Ma in che senso si sono cancellate le slide???".
"Non so che cazzo è successo, tra l'altro stavo lavorando sul Cloud, quindi devono esserci per forza, solo che adesso si è impallato tutto".
La rotellina colorata del cursore non sembra volerne sapere di fermarsi e diventare un fottuto cursore normale. Sembra una girandola lasciata sola su un balcone in mezzo a gerani rinsecchiti e mossa dal vento. Un'immagine tristissima.
"Scusa, ma tu sul Cloud le vedi?".
"No".

"Scusa, ma dopo la 43, dovrebbe esserci la seconda strada e invece cos'è sta roba?".
"Ok, si è ripreso. Ma ci stanno lavorando i Content! Li vedo sul doc".
"Ma a quest'ora?".
"E perché, tu cosa stai facendo?".
"Provando a digerire una pizza scadente sicuramente".
"Ma non era 'buonissima'?".
"Si vede che quando hanno messo la loro parte, hanno per sbaglio fatto un copy and paste a cazzo e sarà saltata qualche slide".
"Io mi sparo, ve lo dico, non sto qua fino alle due".
"Chiamali un attimo".

Ore 23:34

Qualcuno dice: "Il trucco sta nel non far capire al computer che hai fretta". Più o meno. Il trucco sta nel non far mai capire che sei su un progetto, con una deadline che definirla challenging è farle un complimento, mentre sei fuori dalle otto del mattino, stai ruttando da tre ore la pizza e vorresti solo buttarti nel letto.
Alla fine, si vede che perfino al computer avete

fatto pena e quindi, in una versione aggiornata di mezz'ora prima, due terzi di quanto era stato fatto magicamente ci sono.

Manca il restante.

"Com'è che avevamo scritto l'ingresso prima?".

"Se sento un'altra volta 'emozionale' URLO".

"Ma poi perché avete messo 'emozionale'? Cosa c'è di emozionale in un tosaerba? Pazzesco…".

"Ma no, perché si parlava del fatto che genitori e figli possono rafforzare il loro rapporto se si dedicano ad attività della casa insieme".

"Bella supercazzola, mi hai già convinto".

"Be' quindi? Vogliamo fare un video emozionale in bianco e nero, dronata per le vie storiche di qualche borgo medievale, abbracci al rallentatore, anziane sui balconi, panni stesi e sogno italiano?".

"Non abbiamo soldi".

"Ah, perché per il resto sì".

"Ho sonnooooo, a che ora abbiamo l'interna domani?".

"Alle 10:00 credo, ma alle 09:00 la vediamo prima con Lele".

"Quindi stasera…".

"Stanotte va chiuso".

"Finiamo UN ATTIMO la terza strada".

“

EMOZIONALE

”

Avanzamento progetto motozappa

Da: art@agenziastanca.it — Ore 01:11

A: all@agenziastanca.it

Oggetto: Avanzamento progetto motozappa

Ciao a tutti,

In allegato il wip su cui abbiamo lavorato stasera. Ci sono due nuove strade e gli ingressi rivisti. Speriamo vi piacciano, le vediamo domani (cioè oggi).

Notte

A.

ALLEGAT

Rispon

Avanzamento progetto motozappa

Da: art@agenziastanca.it — Ore 01:14

A: all@agenziastanca.it

Oggetto: Avanzamento progetto motozappa

Scusate, in keynote è troppo pesante.

Ve lo rimando in pdf e, a questo link, in keynote.

ALLEGATO: Motozappa_def_v2.key

Rispondi | Inoltra

Avanzamento progetto motozappa

Da: art@agenziastanca.it — Ore 01:19

A: all@agenziastanca.it

Oggetto: Avanzamento progetto motozappa

Ancora io, mancavano 2 slide.

Qui. Scusate, è tardi 😉

ALLEGA

Risp

Avanzamento progetto motozappa

Da: clientleader@agenziastanca.it — Ore 01:34

A: all@agenziastanca.it

Oggetto: Re: Avanzamento progetto motozappa

Grazie

B notte

Rispondi | Inoltra

Ore 01:48
Imposta sveglia ore 07:30.

Modalità aerea attivata

Da: account@agenziastanca.it

A: all@agenziastanca.it

Invito:
PROGETTO MOTOZAPPA_ultimainterna
@ Ven Apr 15, 2022 Invito
(CET) (all@agenziastanca.com)

CAPITOLO 7

L'ULTIMA INTERNA

L'interna fatta di venerdì decreta ufficialmente la sorte del weekend. Lo sanno tutti, per quello c'è tensione in sala.

"Buongiorno".

"Buongiornisssssimoo".

"Fatto serata ieri?".

"Ma mai come te che hai risposto all'una e trentaquattro".

"Eh, sono andato al romano ieri sera. Doppia porzione di carbonara, come la vedi? A quell'ora mi stavo facendo una tisana al finocchio illudendomi di stare meglio".

"Non mi parlare di digestione per favore".

"Sì, ma anche te che ordini würstel e patatine", dice il Copy sbadigliando e stiracchiandosi sulla sedia. "Ci siamo tutti?".

Lele si affaccia alla sala con un piede fuori e uno dentro. Tutti si girano e fanno silenzio. Copy e Art si freezano.

"Buongiorno ragazzi, non posso fermarmi che mi hanno incastrato tra due meeting con il cliente. Ho già dato i miei feedback stanotte e stamattina. Secondo me ci siamo. Due cose: i testi vanno snelliti. C'è troppa roba, il cliente si perde. Altro punto. Ok il testimonial, non so se lo avete già verificato…" e lancia uno sguardo alle PR. Loro gli restituiscono lo sguardo dicendo ferme: "Specifichiamo che si tratta di una reference, siamo d'accordo così".

"Fate voi, le altre strade mi tornano, parlatene con gli Account. La seconda fatela diventare la prima, perché è più forte, così facciamo effetto sandwich: prima forte, seconda basic, terza forte e poi idea wow. Vado, ciao", e chiude la porta dietro di sé.

"Chi proietta?".

"Io ho la def, collego lo schermo".

Ok, le idee tornano al Direttore Creativo e siamo a buon punto. Client Leader e Account siedono a capotavola insieme e sono distanti rispetto agli altri, compatti in fondo alla sala. Sembra un pranzo di matrimonio con gli sposi da un lato e gli invitati dall'altro.

Tutti sanno che un "Bello, eh, però…" corrisponde a un'ora di rework.

"Qui la esploderei meglio": due ore.

"Faccio veramente fatica a capire come la scarichi a terra": tre ore con un meeting allargato.

A un certo punto, la porta della sala si apre di nuovo. "Buongiorno a tutti", dice e, senza aspet-

“QUI LA ESPLODEREI MEGLIO”

tare una risposta, continua: "Progetto motozappa. Qualcuno fa un recap prima di iniziare?".
Il CEO oggi passava in agenzia. Il Client Leader gli ha accennato qualcosa al bar davanti al suo marocchino, ma mai si sarebbe aspettato che sarebbe venuto.
"Buongiorno a te".
Qualche secondo di imbarazzo. Il Copy che aveva messo i piedi sulla sedia di fronte li toglie in modo fulmineo e si ricompone. Il SMM chiude YouTube al volo. L'Art rimane impietrita.
L'Account deglutisce: "Scusate, sì. Vado io. Do un'overview generale e poi mi taccio e lascio la parola ai ragazzi".
Non la ascolta praticamente nessuno. Quando sugli schermi l'Art avvia la condivisione schermo, le prime slide sono piene di dati di analisi del target.
"Ok, mi fate vedere un attimo le creatività per favore?", dice il CEO.
"Presenteremo delle cose un po' disruptive, eh", dice il Client Leader, cercando di pararsi il culo.
"Sì, sì, ma va bene. Purché siano tonde ragazzi".
"Ok, facciamo partire un videino, così capisci subito".
L'Art va sulla slide e scopre con orrore che era

rimasta una pecetta che nessuno aveva cancellato. All'interno di un riquadro rosso fuoco, compare una nota con testo bianco molto nitido con scritto "TOGLIETE 'STO CAZZO DI **EMOZIONALE**!!!".

*La presentazione è in presenza.
È sicuramente più impegnativo, ma non si può dire che non sia più soddisfacente e più coinvolgente. Molto diverso rispetto a quando devi consegnare una gara che devi soltanto inviare e, attenzione, caricare su un portale entro un orario prestabilito. E ogni volta che l'Account terrorizza tutti ribadendo con voce acuta "la presentazione la devo caricare entro mezzanotte altrimenti siamo fuori dalla gara!!!!!!" l'immaginazione di ognuno gioca con le più assurde fantasie. Chissà com'è questo portale con il countdown. Tutti ne parlano ma nessuno lo ha mai visto. Un po' come il Global. Cos'è, una Landing Page con un gigantesco orologio a tutto schermo che a ogni minuto che passa fa "doooonnnggggg" tipo lancette di Cenerentola facendo tremare le casse del computer? Chissà che incubi che si fa l'Account. Be', non che in tempi normali dorma sonni tranquilli... Che poi, "tempi normali" esattamente, quando?
Mentre la mente viaggia, ti accorgi che stai guidando meccanicamente verso l'ufficio. Ma quanto traffico c'è stamattina? Tutta Milano in strada praticamente. L'appuntamento è davanti*

all'agenzia per poi prendere un taxi insieme,
ma se continua così fai prima a piedi.
Anzi no, perché dal cliente si va con le scarpe belle,
ma scomode.
Poi le vesciche come le gestisci? Già ne senti
una che inizia a pulsare sul mignolino del piede.
Sono le 9:23 e stai già sudando. Ma fa caldo
o sono io? L'esperienza questa volta non ti frega.
Maglia di cotone nera leggera così da evitare
qualsiasi chiazza.
Spegni la radio, poi la riaccendi. Sulla chat
di gruppo c'è fermento. Gli Analyst augurano
in bocca al lupo perché in presentazione
non vengono. Uno dei due Strategist manda la gif
di René di Boris *che incita con "Dai! Dai! Dai!".*
Mentre trovi magicamente parcheggio vicino
all'ufficio e chiudi la portiera pensi:
"Chissà se mangiamo lì, ho già una fame assurda".
Fai per entrare in agenzia e trovi già il team
tra l'ingresso e le scale.
Il Client Leader sta chiamando un taxi
dalla reception ed è in piedi davanti al desk.
Camicia di cotone azzurra con le iniziali cucite
in blu navy, maniche arrotolate e occhiale Persol
tartarugato sulla testa.

Il Copy è seduto sulle scale abbastanza agitato con il Mac sulle gambe. Ha in mano l'ultima versione della presentazione. Attorno a lui tre persone lo accerchiano, in piedi, per rivederla e correggere i refusi dell'ultimo minuto.
"Asciuga 'sta slide al volo che otto righe per dire lo stesso concetto mi sembrano un po' too much".
"Più di così devo asciugare??? Non lo so…
A questo punto dammi un phon che faccio prima".
"Ma che ridere".
"Ciao a tuttiiiiii".
"Come cazzo ti sei vestito?".
Il Social Team Leader compare da dietro l'angolo impugnando la bici che sta portando a mano.
"Perché? Dobbiamo andare nei campi eh…
In campagna. Non è che potevo mettere le scarpe del matrimonio".
"Sì, ho capito, ma neanche le Timberland.
Siamo ad aprile poi".
"In effetti abbiamo un outfit diverso l'uno dall'altro, sembriamo una banda di rapinatori".
"'Banda' non lo sentivo dal '91".
"Squad, meglio?".
"Una crew".
"Preferisco gang".

CAPITOLO 8

IL CLIENTE

Nella sala riunioni destinata agli eventi importanti, la fredda luce al neon si riflette sulle pareti a vetro coperte da tende veneziane in alluminio. La sede è ferma agli anni Novanta, con il pavimento in linoleum e le scrivanie in formica verde menta.

Attorno al tavolo si ripete lo schema delle interne: il team operativo da un lato, Account e Client Leader a capotavola, vicino alla porta di ingresso, insieme al Cliente e al figlio.

Al posto della solita slide di chiusura con un "GRAZIE" gigante piuttosto impattante, questa volta i ringraziamenti sono stati destinati a un video finale.

Per qualche motivo che solo il Dio delle presentazioni dal cliente conosce, l'audio si è inceppato ed è stato sparato a un volume altissimo. Perciò il beat di *Still D.R.E.* ha rimbombato per tutta la campagna lombarda provocando, probabilmente, uno spostamento delle placche terrestri di cui scopriremo le conseguenze quando al posto di Moscova ci sarà una nuova Dubai.

La presentazione è terminata e nella sala resta solo il silenzio assordante di quei pochi millesimi di secondo che seguono alla fine del video.

Il Client Leader sospira, si schiarisce la voce e guar-

da per terra fissandosi le Clarks, mentre l'Account sposta velocemente lo sguardo dallo schermo ai colleghi al Cliente e incrocia le mani appoggiandosi al tavolo. Il SMM fa per far partire un applauso e fa un battito solo con le mani, ma nessuno lo segue. L'Account lo gela con lo sguardo mentre il Cliente lo degna di un veloce sorriso imbarazzato prima di iniziare a parlare. Dalle braccia conserte, avanza sul tavolo appoggiandosi sui gomiti, unendo e disunendo le mani.
"Sì, no allora, be' innanzitutto grazie per essere qui e per la proposta che ci avete presentato".
Gli occhi del figlio brillano per l'eccitazione e annuisce a ogni parola del padre. Si allunga per ingurgitare i panini al latte con il salame che dalla reception hanno fatto portare dal bar insieme a due brocche di succo di frutta. "Non si può dire certo che non sia qualcosa di unico. Sicuramente non avevamo immaginato che un rapper o un – tttrrrrapper...", dice rafforzando questo termine, "facesse una canzone su un prodotto come un tosaerba...", prosegue un po' scettico. "Be', l'hanno fatta sui trattori ah ah ah", lo interrompe il SMM che aveva fatto partire l'applauso.
Lo ignorano tutti. "Come costi ho visto che avete

proposto due strade diverse, come vi avevamo già detto non possiamo andare oltre una certa cifra ma ci riserviamo di pensarci".

Il Copy e l'Art lo guardano con il mento appoggiato sul palmo della mano e la faccia di chi sta dicendo: "Sìsì ti ascoltiamo, ma se non ti piace non moriamo, tranquillo, tieniti pure le tue cesoie e il tuo tosaerba".

Il Client Leader lo osserva a distanza, con le sopracciglia aggrottate, le braccia conserte e continuando a sbattere gli occhi. Ha un'espressione che recita un "Dai, va bene, dicci che è tutto una stronzata e che costa troppo così ce ne andiamo".

Il resto del team ascolta sapendo che fine farà questo progetto. "Ma certo, noi vi lasciamo digerire il documento...", dice l'Account con un sorriso a trentadue denti e continuando ad annuire.

"Sì, grazie ancora". Si alzano tutti e iniziano a mettere via le cose nelle borse e negli zaini.

"Grazie davvero, a me è piaciuta moltissimo", dice con entusiasmo il figlio infilando la sedia sotto al tavolo. Suo padre è già sulla porta, la tiene aperta per lasciar passare il resto del team. "Preferiamo non dirvi niente prima di averne parlato con tutta l'azienda e torniamo da voi quanto prima". "Però a me sembra una figata", aggiunge il figlio. Tutta *la banda dei rapinatori* arriva in reception. Qualche stretta di mano, "grazie mille allora", "poi ci risentiamo", "vi scrivo in questi giorni" e si ritrovano in cortile.

"I taxi qualcuno li ha chiamati?".

"Sì, stanno arrivando… oh allora? Pareri?".

"Dipende tutto dal Prof. Il Mignolo mi sembra dei nostri".

Il SMM scoppia in una risata interrotta da un'imprecazione dell'Account: "Non ci credo, ho già un'altra interna alle due, mi volete morta???".

I taxi appaiono in fondo al parcheggio. Si mettono ad aspettare tra i furgoni dell'azienda che sulla fiancata hanno un adesivo gigante con un giardiniere sorridente che ha cominciato a scollarsi e che tra poco non avrà più gli occhi.

L'Account è già al telefono e mentre saltella verso uno dei taxi si ritrova con le scarpe lerce di fango. "Anche lei… con i tacchi viene qui, meno male che c'era già stata".

Chat interna: **progetto motozappa**

[20/4, 9:17]

Account:

mi ha scritto il figlio. Prima strada approvata!!!!
Procediamo con quella sicuramente, dopo mi chiama per tutti i dettagli.

Client Leader:

La più safe, ma anche la più tonda.
Avete fatto un buon lavoro ragazzi.
Grazie a tutti per lo sforzo!!!

SMM:

MA ERA OVVIO RAGA.

Strategist:

Oggi non abbiamo semplicemente vinto un progetto, ma abbiamo posto le basi per rivoluzionare la nostra società civile. Da oggi i giardini non saranno più gli stessi.

Copy:

Scusate se puntualizzo, comunque avremmo vinto anche senza asciugare tutti i testi 😀

SMM:

Ovviamente stasera bevuta. Ci spariamo uno spritz!

Account:

Visto quanto cuba questo progetto, forse un Cuba Libre 😉

SMM:

ATTENZIONE, LA PRIMA BATTUTA DOPO 6 MESI.

Social Team Leader:

Sì, ma non senza l'occhiolino infame.

È vero, lavorare in agenzia funziona così. Si lavora costantemente e molto spesso senza sosta ai progetti. Potete essere in pochi, oppure in tanti, ma mai realmente soli. Questo perché il potere della condivisione è qualcosa che scopri da subito quando arrivi in agenzia. Anche se non sei abituato allo spirito di squadra, anche se un team non lo hai mai avuto davvero.
E sai cosa rafforza davvero un legame?
I merdoni. Il disagio. A volte tragico, a volte comico. Spesso tragicomico.
È una sensazione difficile da capire, se non ci sei mai stato.
Tutte le volte che ti sei chiesta "ma chi me lo fa fare?" poi ti sei ritrovato a risponderti quando dentro di te una sensazione si faceva largo piano piano. All'inizio la ignoravi perché non realizzavi bene cosa fosse davvero: la soddisfazione.
Non è solo vincere un progetto o una gara.
È vedere realizzata l'idea che avevi pensato quella notte infinita davanti a due calici di vino vuoti, quell'attivazione buttata là inizia con "e se facessimo" dopo due ore di call a sparare stronzate. È sentire la stima reciproca, percepire

entusiasmo. È lo spirito di squadra.
In tutto questo brainstorming di emozioni fatto di eccitazione, speranze, frenesia, ritardi, incomprensioni, bestemmie e corse a perdifiato, non ti sei neppure accorta che sono le 19:40 e inizia a farsi una certa. Penserai a impostare il lavoro domani.
Raccogli le tue cose mentre, tra una battuta ad alta voce da una scrivania all'altra, ripercorri le tappe di questa ennesima avventura insieme ai tuoi colleghi. I compagni di viaggio che con le loro paure e i loro pregi, le loro intuizioni e i loro difetti ti hanno accompagnato in lunghe notti e pomeriggi pesanti. Questo è il momento in cui vorresti abbracciare tutti e dire loro "Vi voglio bene!" con la stessa eccitazione che ha seguito l'ultimo rigore di Grosso ai Mondiali del 2006.
È il momento in cui sorridi pure a quello che fino alla sera prima ti ha fatto dannare perché l'idea scritta così non gli tornava e vi ha fatto passare sei ore sulla stessa slide. Dall'ufficio vi spostate al locale sotto. Si respira aria di festa, ma anche di umanità. Festeggiare insieme varcando la soglia dell'ufficio ti permette di conoscere lati dei tuoi colleghi che non avresti mai scoperto.

Lo Strategist, che non parla mai e veste sempre di nero, ha vissuto in Australia, aveva i capelli lunghi che non ha mai asciugato col phon e in pausa pranzo sfidava le onde. Mai indossato un paio di scarpe in tre anni. Sempre in infradito. Ma ce lo vedi, lo Strategist.
*Il SMM che segue da due anni gli stessi clienti di assicurazioni è appassionato di mitologia e se è la sera giusta ti attacca un pippone sulla Guerra di Troia: "Tutti pensano che sia a causa di Elena, ma la verità è che secondo Zeus la Terra era troppo popolosa...". L'Account, che sembra pensare solo al lavoro e ai suoi clienti, ha una casa a Ibiza da una vita e ti mostra tutta fiera le sue foto negli anni d'oro, all'*Amnesia *abbracciata a Cristian Marchi. Il Social Team Leader ha studiato per diventare tatuatore e prima di "finire qui dentro" ha vinto cinque concorsi. "Sì, lo so... Non chiedermi perché...".*
Quella delle PR, quella veneta, ha una passione incontenibile per la musica neomelodica napoletana e dopo il terzo spritz non si esclude che potresti aver prenotato con lei un biglietto per andare a sentire Gigi Finizio. A Salerno. Tra cinque mesi.

Tra un Cuba Libre e l'altro si fanno le 22:30 e non importa che domani mattina ricomincerà tutto da capo e la serata sarà già un lontano ricordo durante il primo meeting delle 10:00. Mentre ciondoli verso la metropolitana con lo zaino pesante con il computer dentro, senti vibrare il telefono. "Sicuro sarà qualcuno che ha combinato qualcosa tornando a casa o qualche drink non pagato". Sblocchi lo schermo e ti accorgi subito che la notifica non è quella di WhatsApp, ma un'email. E no, non è quella di un collega di Los Angeles con un altro fuso orario.

Nuova opportunità

Da: art@agenziastanca.it — Ore 22:40

A: you@agenziastanca.it

Oggetto: Nuova opportunità

Ciao,

ti giro i primi scambi per questo progetto

che va consegnato tra due settimane.

Poi ne parliamo a voce.

Per ora, ti metto nel loop.

Grazie

A.

Rispondi | Inoltra

IL DECALOGO

di AGENZIA STANCA®

“TI METTO NEL LOOP”

“

STO SPARANDO

”

“

HAI
5 MINUTI?

”

“

MAGARI AGGIUNGIAMO UNA SLIDE

”

“

INGAGGIANTE

”

“

LA TIMELINE È UN PO' CHALLENGING

”

“

TI FISSO UN CALENDAR

”

“

LA DICO MALE

”

“

BUDGET ON TOP

”

“

MA IO SONO IN COPIA?

”